輝くもうひとつの星空の下で
もうしろきる冒険のオーストラリア旅日記

名園明美

文英社

もくじ

いよいよ出発！ 6
一月九日（土） 出国

やって来ました、オーストラリア！ 16
一月十日（日） オーストラリア一日目

輝くような青空の下で 30
一月十一日（月） オーストラリア二日目

オージーは豪快で明るいぞ！ 40
一月十二日（火） オーストラリア三日目

こんにちは、大人の街シドニー 55
一月十三日（水） オーストラリア四日目

木本文人 イラスト／木暮正夫

アメリカ大陸縦断バスとらぶる旅行……⑨
一月十五日（金）〜一月二十四日（日）

アメリカ合衆国一周バスの旅！
一月二十六日（水）〜二月十日（日）

輝くような青空の下で　〜おかしな家族のオーストラリア旅日記〜

いよいよ出発!

一月九日（土） 出国

海外に行きたい。

この目で、色々な世界を見たい。体で異文化を感じたい。

四十を過ぎて、ますます好奇心旺盛になっていく私。どうにも止まらない。抑えようがないのだ。

「しない後悔より、した後悔」と言うではないか。そこで、殆ど強行的に「冬休みは家族でオーストラリア旅行だっ」とばかり、行って来ました。

出発当日は（平成十一年一月九日）、関西国際空港二十一時三十分発オーストラリアのブリスベーン行きの飛行機（随分、長ったらしいね）に乗るため、我が家を出たのは、

 いよいよ出発！

朝の六時過ぎである。

旭川（北海道）は、降雪量が八メートルと例年にない豪雪で、家の周りは雪の壁で覆われ、タクシーも横付けできないほどだった。

前々日は、猛吹雪で飛行機が欠航したという。

「飛行機大丈夫だよね」と私。

「新千歳空港からが問題だけど、今日の天気なら大丈夫だと思うよ」

夫の言葉にすがるような思いでタクシーに乗った。

七年前に、双方の母親と家族でハワイへ行って以来の海外旅行。今回は、夫と私、小学校六年生の息子（現在中学校二年生）と小学校四年生の娘（現在小学校六年生）の純然たる家族旅行である。

中流家庭（しかも、私は無職）で、家族旅行が海外！　となると、はっきり言って、かなり金銭的に厳しいものがある。そこで、年末年始の割高料金時は避け、一月七日を過ぎた（北海道の小学校は、まだ冬休み期間）人が一番旅行しない格安料金時を狙うこ

とにした。この時期は、年末年始時利用のホテルと同じグレードで、なんと三分の一の料金だというから驚く。数社の旅行会社のパンフレットを入念にチェックし、比較検討。家族旅行なので、安全で確かなツアーであることも重要だ。それらを考え合わせて決めたのが、A社の『ゴールドコースト・シドニー（オーストラリア）七日間の旅』というツアーだ。
しかし、低料金のツアーは、やはりデメリットがある。時間的に無駄があるのだ。地方から出掛ける場合は、夜遅い便の飛行機でも朝早く家を出なければならない。
それはそれは、大変だった。
まだ薄暗い朝方、雪深い北国から、必死の形相でマイ・ファミリーは、真夏の国オーストラリアへ向かった。
北国の人間にとって、一足先に（いや、二足か三足先か）夏を満喫できる幸せは、南国の人のそれとは比較にならないくらい大きい。
新千歳空港から、無事飛行機は飛び、十三時二十分、関西国際空港に到着。

いよいよ出発！

ブリスベーン行きは、二十一時三十分発だから、空港で八時間余りも時間がある。昼食を済ませ、空港内の店をのんびり見歩いても、たくさんのお釣りがくる時間。娘と私は疲れたので、集合場所である四階、国際線出発ロビーの椅子で休むことにした。

夫と息子の男組は（以下、男組と省略）、何をしているのか、なかなか戻ってこない。

「お母さん、英会話の本見せて」

所在なげにいる私に向かって、娘は言う。

それは、私が今習っている英会話教室の教材『旅行英会話 これだけで大丈夫！』といういかにも頼りになりそうな題名のテキストのことを言っている。気合十分な娘である。

「Help!」ヘルプ（助けて！）、「Snatcher! catch him!」スナッチャー キャッチム（ひったくりだ！ あの男をつかまえて！）、「Call the police!」コール ザ ポリース（警察を呼んでください！）、「Cut it out!」カリッラウ（やめてください！）

娘は真剣な表情で、トラブル編ばかりを何回も何回も繰り返し音読。いつもは、線のように細い一重まぶたの私だが、この時ばかりは、目が点状態。

(なんだっ、なんだぁ)

錆ついた思考回路をフル回転させ、考えあぐねて、あっと気がついた。事前に、息子と娘に向かって、海外旅行の心構えを誇張気味に話したからだろう。

「いいっ？　海外はね、日本と違って、銃社会（そんなのあり？）だから、危険がいっぱいだからねっ。ふらふらと単独行動は絶対しないこと。特にあんたは（息子を指差して）要注意。スリや置き引きが多いから、人に隙を見せないことだよ。そこのところ、よーく気をつけてね。分かった？」

私のこの言葉が、慎重でまじめな娘の性格を脅かしたようだ。

そこへ、対照的な性格の息子が、ニコニコしながら戻ってきた。

「お母さん、いいもの見つけたよ」

息子が手にしている小さな紙袋を開けると、山田花子のキーホルダーだった。紐を引

 いよいよ出発!

っ張ると、あのなんとも言えない、もったりとした口調で、「あせェばむゥわぁ〜ん」と、声を出す。

「いいでしょ」と、えらく満足気な息子。

こちらの緊張感を一気に吹っ飛ばすようなのん気な花子の声と、息子の登場。

「おい、おい。これから、危険がいっぱいの外国に行くんだぞぉ。もっと、ビシッとせんかい」

私の苦言は、この能天気野郎には通じなかったようだ。

空港の四階、大和銀行の窓口で、夫と私、そして、お年玉持参の子供もそれぞれオーストラリアドルに両替え。ちなみに夫と私、各自限度額の一万円ずつと、子供たちは五千円ずつ。

1A$は、八十・一七円だった。

それから、早めに夕食を取った。

11

「日本料理よ、しばしの別れ」とばかり、空港内の日本料理店で、ビールを飲みながら天ぷらを食べる。ビールも天ぷらもおいしかったが、少し料金が高過ぎはしないか。

午後七時過ぎに、四階のＡ社カウンターで航空券を受け取り、荷物を預けてチェックを受け、三階の税関で出国審査。

子供達も、緊張気味の表情。税関を通過すると、息子が私に駆け寄り、耳打ちした。

「お母さん、あの男の人、感じ悪いね。目つきも悪いしさ。パスポート見せたら、チェッと舌打ちしたんだよ」

年の頃なら、二十代後半だろう。まだ、若者の部類に入ると思うのだが、確かに険しい目つきで、人を威嚇するような態度だ。しかし、職業柄、ファストフード店の女の子のような愛嬌を振りまく訳にはいかないだろう。

「きっとさぁ、俺は夜遅くまで働いているのに、こんなガキが海外旅行かよぉ。チェッ、やってられないなぁ。と思っているんじゃない？」と私。

勝手な解釈、見当はずれの思い込みの激しさ、ここが私の良いところ（？）である。

 いよいよ出発！

搭乗ゲートで、何んだかんだと鼻かんでいたら（古いダジャレだね）、あっという間にボーディングタイム。

いよいよオーストラリアだっ！

私たちは、機上の人となった。機内は、オーストラリア人の若い女の子のグループや家族連れ、日本人の団体旅行客などで満室状態。息が詰まるほどの熱気だ。

窓側に息子、その隣に娘、夫が並び、通路を挟んで私が座った。私の横一列の座席には日本の女性グループ。時々、飛行機が上下に揺れると、「キャーッ！ 怖い。怖い」と叫ぶ。久し振りの海外旅行で、飛行機恐怖症気味になっている私を、追い詰めるような悲鳴。私は必死で祈る。「神様、助けてください。どうか乱気流には巻き込まれませんようにお守りください。ナムアミダブツ、ブツ…」神様か仏様か、私の頭の中は混乱状態で訳がわからなくなっていた。

こんな時は、ビールでも飲んで早く寝ることだ。乗務員からどんどんビールを貰い、ガブ飲みするが、全く酔えないし眠れない。かえって、トイレへ行く頻度が高くなって

いくばかりで、ビールを控えることにした。ここは、ただひたすら『おしん』だ。しかし、所用時間の約八時間半、『おしん』でいられるか。どちらかというと、アヘァヘッの『間寛平』だった。

夫に、「飛行機揺れて、怖いね」というと「こんなの揺れているうちに入らないよ」と、にべもない。

「あぁ、そうですかぁ。イーだっ」

でも、夫の力強い一言で、きっと飛行機は落ちないだろう、と、いつもの激しい思い込みが頭をもたげ、フッと肩の力が抜けた。

少し寝たのか、「チン」と電子レンジの音がしたかと思ったら、乗務員のアナウンスが入った。

「あと一時間ほどで、ブリスベーン空港に到着いたします…」

その後、乗務員は機内に殺虫剤を撒き始めた。日本の害虫は、一匹たりとも入国させません、という強硬姿勢。マイ・ファミリーの害虫どもは入国できるか、心配である。

14

いよいよ出発!

(誰が害虫だぁ?)

そう言えば、食べ物、植物は一切持ち込みはできないと聞いている。以前、知人がオーストラリアに行った時、機内で食べていた「さきいかの薫製」の食べ残しがあり、それをバックに入れたままにしていたら、大目玉を食らったと言っていた。また、有名人のHは、焼き肉弁当を持ち込んで、罰金二十万円も払ったとテレビで言っていた。

いずれにしろ、良心的に、「これは、いかがでしょうか?」という謙虚な態度が大事なのだろう。

緊張は高まり、いよいよという感じである。私は、時計を一時間早めて、現地時間に合わせた。

やって来ました、オーストラリア！

一月十日（日）オーストラリア一日目

幸い、乱気流に巻き込まれることなく、飛行機は無事予定どおり現地時間の午前七時に到着。滑走路を走行中、窓の外に目をやると、緑鮮やかな景色。「正真正銘の夏ですっ！」とアピールしているようだ。機内にいてもなんだか暑くなってきたような気がする。

ブリスベーン空港で入国審査。

「よっしゃ、ここはお母さんの出番だっ」

英会話教室で何度も何度も練習した入国審査場面である。

「一番前に並ぶねっ。いい？ お母さんのお手本どおり言うんだよっ」私は、子供達に

やって来ました、オーストラリア！

力んで言った。

「ドジで、頼りないお母さん」という、いつものイメージを払拭させようと、かなり鼻息は荒かったと思う。

一時間位待っただろうか。いよいよ私の前の若い女性の番になった。どういう質問をしてくるのか？　私は、全神経を耳にして、聞いた。

「スピーク　イングリッシュ？」と、入国審査官（太めの、これまたひどく目つきの悪い中年女性）が尋ねると、「ノー」と、即答する彼女。私なら「リトル」と答えるぞ、と心の中で呟いた。そして、頭の中で、入国審査編を思い起こす。

「What's the purpose of your visit?」（ホワッツ　ザ　パーパス　オブ　ユア　ヴィズィッ）ときたら、「sightseeing」（サイトシィーイン）。「How long are you going to stay?」（ハウ　ロン　アー　ユー　ゴーイン　トゥー　ステイ）ときたら、「six days」（シックスディ）と、淀みなく答えるのだ。これで、完璧。自分に酔いながら、パスポートを差し出した。すると、審査官は、私の後ろの夫と子供達を一瞥して、「ファミリー？」と尋

17

ねる。「イエス」と答えると、「パスポート」という。家族の分を出すと、無言でパスポートと私達の顔を交互に見て、それはそれは恐ろしい顔で、「行け」と、顎で指図をする。

（あらら のら…）拍子抜けとは、このことだ。残念、無念！ もう一度並んで入国審査を受けようか、と思ったくらいだ。

チンタラ、チンタラと荷物回転台の上に荷物が来るが、なかなかマイ・ファミリーのスーツケースが来ない。それを、ボケーッと眺めていたら、息子が話しかけてきたのだが、「お母さん、回転寿司考えた人、これ見て考えたんだね」には、「なるほど」と納得した。アイデアは、どこに転がっているか分からない。やっぱり、旅に出て色々な物や人に触発されること、これが大切なんだなぁ。「少年よ、旅をしよう。大志を抱け」だよねぇ。全然、関連性ないけれど。

突然、麻薬探知犬が現れ、空港内の荷物の臭いを嗅いで歩いていた。幼児の頃、犬に

 やって来ました、オーストラリア！

噛まれて以来、犬恐怖症になっている息子は、ソワソワと尻が落ちつかない。よく調教されているのか、麻薬探知犬の方は、毅然としていて、息子のことなど相手にしない。息子より賢そうである。(自分の子供のこと、そこまで言うかぁ?)

一時間以上かかって、やっとスーツケースを手にした。気持ちをおおらかに、能天気に行こうぜっ。まぁ、本来の私のスタイルだが……。

ゲートを出ると、A社の添乗員が首を長くして待っていた。

「お疲れさまっ」と、さわやかに言われた。「お疲れさま」の自乗である。もう一つの「お疲れさま」が待っていた。御一行様でゴールドコーストまでバスに乗る。

約九五キロメートルの道のりは、ほとんど寝ていない私達にとって、睡魔と、オーストラリアの景観の素晴らしさとの戦いだった。

オーストラリアの民家は、隣家と程良い距離を保って建てられ、広い庭には色彩やかな花々が咲き乱れていた。そして、どの民家も実に個性的で絵になる風景だ。あり余る

ほどの土地があるのか、地価も安いのだろう。すべての家が平屋で、たっぷりとした住空間。

日本の狭い土地に、それぞれの民家が息を殺すように建てられている様とは雲泥の差だ。

「豊かだなあ」

私の第一感想である。

少しうとうとしていたら、乗客の「うおぉ～」という喚声で目が覚めた。

東京都庁の高さはあろうか、いや、そこまではいかないか。とにかく、恐ろしく高い所から、バンジージャンプする人を見て、私も「うおぉ～」と雄叫びの仲間入り。

高所恐怖症気味の私からすると、何故好き好んで、あんな怖いことするのか理解に苦しむ。だが、当の本人はストレス発散にもってこいというから、いやはや、人それぞれだよね。

私ならバンジージャンプを見ているだけで、オヘソの周りがヘナヘナと緩み、おしっ

やって来ました、オーストラリア！

こチビリそうだけれど。

そう言えば、バンジージャンプの発祥地はオーストラリアだと聞いた。

イヤ～、オージーは大胆だねえ。

ゴールドコーストに着くと、A社のラウンジに全員集合。A社の社員が、「明日からのオプショナルツアーの申し込みをしてください」とか、「免税店のパンフレットです」とか、あの手この手で攻めてくるが、私の頭は睡魔に襲われ、思考回路停止状態。夫も同様らしく、「どうでもいいや」と、ウンザリしている。判断力ゼロなのだから、決めようがない。「明日はフリーだ」と、二人の結論は一致。

「このあと（今日）のオプショナルツアーは三つの中から選んでください」

四十を過ぎた私達夫婦にとっては、「このままホテルで休ませてちょうだい」と、哀願したい気持ちだった。しかし、子供達の方に目をやると、十代のパワー全開という感じで、「コアラ見た～い。カンガルー見た～い」の熱い視線を浴びせる。しかたなく、ツアーの中でも一番のんびりできそうで、所要時間も短い『パラダイスカントリー牧場』

を選んだ。

日本人観光客御一行様は、パラダイスカントリー牧場に到着。ゾロゾロとバスから降りると、サッカー選手のゴン中山に似た好青年（ワーキング・ビザで働いているのかな）がニコニコしながら挨拶。

まずは、なんたってアイドル、コアラちゃんとの御対面だ。

コアラは、憶病な動物で、今までのように観光客に抱っこされて記念撮影していたら、ストレスが溜まり病気になってしまったというから、気の毒な話だ。

という訳で、今は檻を挟んでの見学で、記念撮影の時だけ檻から出して木の上に乗せ、「ちょっとだけよ」という感じで、触らせてくれるという状態だった。州によっては今でも抱っこさせてくれるところがあるらしいが、その時は要注意。気の弱いコアラを驚かすと、噛みつかれるとか。

日本人観光客は、殆どが今にも湯気がたちそうなアツアツの新婚さんみたいで、若奥様の「かぁわいい〜」という甘ったるい声が、あちらこちらで聞こえた。それを受けて

 やって来ました、オーストラリア！

のダンナの視線は、「君の方が可愛いよ」とでも言いたげだ。子供の手前、それ以上甘いムードが盛り上がらなければ良いがと、祈る私。そんな心配をよそに、子供達は無邪気に嬉しそうにコアラちゃんを撫でて「ハイ、ポーズ」。

青い大きな空の下、これまた、青々とした草原では、カンガルー、エミュー、ヤギ、羊が放し飼いになっていた。

羊の毛刈りショー、牧羊犬のショー、乳搾り、ブーメラン投げ……と、目白押しのスケジュールに、ついていけない私の体力。牧場で寝そべりながら、のんびりできると勝手に想像していた私が甘かった。ここは、観光百パーセントの牧場だった。

「こうなりゃ、エスケープだっ」

トイレに行くと言って、そのまま、一人、木陰で休んでいた。

それにしても、ツアーはどうしてこうも盛り沢山なのだろう。確かに、名所見物のポイントを押さえた効率の良いスケジュールと、日本語ガイドの痒いところに手が届くような説明には、舌を巻く。しかし、時には、三段弁当のような欲張りツアーがアダとな

 やって来ました、オーストラリア！

って、時間に急かされ、旅そのものを楽しむ「ゆとり」をなくすこともある。それでは本末転倒ではないか。

そんな屁理屈を頭の中でこねていると、心配顔をした娘が近づいてきた。

「お母さん、どうしたのぉ。なかなか戻って来ないから、心配していたんだよ。単独行動はしないことって、言ったでしょ」

いつも、こうだ。どちらが親か、わからない言動。

夕方、宿泊先のラマダホテルに戻り、男組と女組それぞれの部屋に別れて、チェックイン。汗をかいたので、シャワーを浴びて、一休みしてから、散策しようということになった。

シャワーを浴びようとして、イヤ～びっくり。そう言えば、先ほどの添乗員が、「オーストラリアは、水圧が高いので御注意ください」と言っていた。

しかし、あんたぁ、尋常ではない水圧の高さなんだわぁ。(誰に向かって、言ってい

激しい滝に打たれ、修行を積む僧侶の心境だ。娘は、「痛いよぉ。痛いよぉ」と、泣きながらシャンプーしていた。これはオーストラリア最大の試練だった。

仮眠をし、頭もスッキリした私達は、とりあえず夕食を取ることにした。今日はオーストラリア初日ということで、ミールクーポンでホテル隣の日本料理店で食事。昨夜、日本料理とお別れしてきたばかりだというのに、一貫性のない私達である。

「なんで、オーストラリアに来てサンマの塩焼きなのっ」

サンマを食べている夫に向かって、声を荒げる私。

「君だって、刺身定食でしょ」と、涼しい顔の夫。

でも、まっ、いいか。まぐろもエビも鮮度良く、日本と比べてみても、遜色がない味だし……。それに、フォスターズ・ラガーとクラウン・キングのオーストラリアン・ビアも堪能できたし、友好関係は十分に築けたはず。今日は、これで良しとしよう。

料理を運んで来る田中眞紀子似の日本女性は、オーストラリアに来て、十五年経つと

 やって来ました、オーストラリア！

いう。何処へ行っても、日本人が働いていて、びっくり。これは、ハワイ並みだ。観光客ナンバー・ワンも日本人だとか。

「ここのステーキは、他とは比べ物にならないくらい、絶対においしいですよっ。私が保証しますっ」

えらく気合の入った強気な口調も、田中眞紀子ソックリだった。肉好きの夫と息子は、

「また、来よう」と言って、笑顔満開。

夕食後、サーファーズパラダイスのカベルアベニューという、旭川で言うと買物公園通りのような繁華街を歩く。

一月はオーストラリアの夏休み期間で、オージーはバカンス地であるゴールドコーストに集中すると聞いた。そのせいか、街全体がにぎやかで、お祭りみたいだった。熱気のせいか、夜だというのに妙に暑い。子供達にソフトクリームを買ってあげると、アイスには目のない娘が、幸せこの上ないという表情でソフトクリームを舐めながら、街中

に流れるロックに合わせて踊る。息子も、お道化ながら踊る。私も踊る。「天国だねぇ」私達は有頂天になっていた。それを冷静に逐一ビデオに収める夫。周囲にもビデオを向けると、「ハーイ」と、オージーの女の子達のフレンドリーな対応。「世界は一つ。みんな友達〜」私達は、フレンドリー一色に染まってしまった。

思いの外、治安も良く、私は調子に乗って一人フラフラと、一軒のTシャツショップに吸い込まれるように入っていった。可愛いTシャツがいっぱい。しかも、6〜10A$という安価で、日本円で計算すると、なんと五百円前後だ。記念に買おうと物色していると、背後から大きな声。

「お母さんっ。また単独行動してるっ。お母さんが一番、隙があるよっ」と、息子にまでブーイングされてしまった。

「エへへ……」ここはひたすら笑ってごまかすしかない私。

「このTシャツ、かわいいでしょ。これ買おうと思うんだけど……」話の矛先をかわした。すると、娘も、「かわいい〜。私もお揃いが欲しいなぁ」と言う。片言の英語（英

 やって来ました、オーストラリア！

単語といった方が正しい)とオージーに勝るとも劣らないオーバーアクションで、意思疎通。ところが、娘に合うサイズがないという。娘は画然と肩を落として、「お母さんと同じサイズでもいい」と、どうしても欲しいという態度。また、私の素晴らしい英会話（？）で、「ラージ　オーケー」と返すと、娘、尊敬の眼差しで「お母さん、英会話通じて良かったねぇ」と、笑顔で言う。

やはり、尊敬できる母親は、子供にとって誇りなのだろう。バンザーイ。やっと子供に尊敬される母親になれたぞ。（これも、激しい思い込みかしらん）という訳で、オーストラリア一日目は、メデタシ、メデタシと幕は閉じた。

輝くような青空の下で

一月十一日（月）オーストラリア二日目

朝、目覚めてカーテンを開けると、輝くような青空が広がっていた。今日も暑くなりそうだ。だが、オーストラリアはオゾン層の破壊が著しく、皮膚ガンの発生が高いという。なんと、人が受ける紫外線の強さは、日本の約三倍（夫は二倍、娘は四倍だと主張するので、平均をとった。いい加減だね）だと聞いた。そこで、Tシャツの上に長袖のパーカーを着て、麻混のスラックス。顔、首、手の露出部分にはベタベタと日焼け止めクリームを塗り、帽子を目深にサングラス、という総防備で出かけた。

なんたって、桃井かおりが、コマーシャルで言っているとおり、「二十代はいいのよぉ。問題は三十代からよね」。てな訳で更に上の年代の私としては、うかうかしていられな

 輝くような青空の下で

まじめな話、四十代の肌を痛めつけると、後でとんでもないしっぺ返しを受けるからね。ここだけは要チェックだ。

今日は、シーワールドというマリンパークに、マイ・ファミリーだけで行くことにした。

A社のシャトルバスが、市内を走っている。それを利用すれば、シーワールドに何とか行けそうだ。ホテル前から、シャトルバスに乗る。私達が乗ると、すかさず、運転手さんは「どこまで行くのですか」と聞いてくれ、シーワールドに隣接しているナラ・リゾートホテル前では、「ここですよ」と親切に教えてくれた。実に、感じのいい人だった。

ナラ・リゾートホテルから、直通のモノレールが出ていて、そこで入場料を払うようになっていた。

ここで、初めて日本語ガイドのいない現実に直面し、四苦八苦。しかし、ネバーギブ

アップだぁ。片言英語と、オーバーアクションで、どうにか通過できた。「こんな調子じゃ、先が思いやられるなぁ」と、白眼視する子供達。こんな時でも、冷静にビデオに収める夫であった。

眩しいくらいの青い空、それに負けない色鮮やかなラグーン。熱帯雨林の樹木が生い茂る緑豊かな敷地内は、日本のテーマパークにはない雄大さだ。

開放感いっぱい、夢いっぱい。

私達も、今日はツアーではないので、時間に急かされることなく、思う存分楽しめそうだ。

最初は、アシカショー見学。

以前、小樽水族館でアシカショーを見たのだが、調教のお姉さんが計算問題を出し、答えのカードを持って来させるという、いかにも日本人気質に合ったショーだった。

ところが、こちらのショーは、とにかくオーバーアクションで、理屈抜きのおもしろさがあり、言葉が分からなくても十分楽しめた。内容が単純明快で、国民性の違いを痛

 輝くような青空の下で

感じした。

アシカショーを見終えて、敷地内を走っているチンチン電車に乗ろうということになった。大きなプールの前で、チンチン電車が止まったが、水着持参ではない私達はボーッと座っていると、威勢のいいオッサンがやって来て、「ドルフィン、ドルフィン」と、捲くし立てる。

「イルカショーだっ」夫に促されるように、子供達と一緒に電車から飛び降りた。そして、人の波が押し寄せる方へと流れて行った。

大きなスタジアムみたいな所には、既に大勢の人が着席。暑いので、ソフトクリームを四つ買う。それを手に、上階の方に空席を見つけたので、そこから見学することにした。

突然、巨大なボールが観客席に転がってきたかと思うと、大人も子供も一つになって、ボールをポンポン投げ合って歓声を上げている。

老若関係なく、「思う存分、エンジョイするのよぉ」というムードには感動した。

さぁ、いよいよドルフィンショーの始まり。広大なラグーンから大胆にジャンプして登場してきたイルカ君達。大きなジャンプにも圧倒されたが、人間がイルカに押され、潜水して、また水上にジャンプして現れるという技術の高さにも舌を巻いた。
「日本と全然違うよねぇ。広々としたところで、ジャンプできて、人もイルカも気持ち良さそうだよねぇ」
　我が意を得たり。さすが、私の娘である。
　日本も、もっと広い土地が欲しいと言って戦争を始めても困るもんね……」
　もっと広い所でやればいいのにね。でも、仕方ないよね。日本は狭いしね。
「日本のイルカもよく調教され、技術的には高水準なのだと思うが、狭い水槽の中でのジャンプは、痛々しささえ感じる。
　娘なりの解釈である。
　イルカのジャンプに、夫と私と娘の三人は、「ホォー」と歓声を上げているというのに、息子はそれほど興味を示さない。
「お母さん、イルカの声が聞こえるよ」と、何を考えているのか、挙動不審の息子の声。

輝くような青空の下で

青く、大きな空にジャンプ！

人とずれた言動、たとえば、カレーライスに納豆を入れて食べる。鉄板焼では、コーンフレークスを焼いてみたり……。自分の部屋の鴨居の上に、空になったペットボトルをいっぱい並べているので、『何かに使うの？』と聞くと、『ううん。眺めるだけ』とニヤリ。ところが、戸を開けるたびにその振動でペットボトルは落ちる。息子の部屋に入るたび頭をポカポカとやられる訳である。要は息子の秘密兵器だった。と親の私も首をかしげる数々の奇行には慣れている。ちょっとやそっとでは動じない私だ。

「何て言ってるの？」と、私は平然と問い返す。

「コンナ、カッタルイコトシタクナイ、ヒルネデモシテ、ノンビリシタイナァ、って」

「何言ってるの。それは、あんたの感想でしょ」

全く、感動のない男である。

ーシーワールド内は、遊具コーナーあり、滝のある大きなプールありで、実にファミリー向きである。

輝くような青空の下で

ディズニーランドのスプラッシュマウンテンのような乗り物があった。それを目ざとく見つけた、「絶叫マシン大、大好き」の娘にせがまれて、渋々乗った。乗る前、乗っている最中、私のか弱い小鳥のような心臓はドックン、ドックンと、今にも破裂しそうだった。

昔ラガーマン（今でも現役だと本人は思っている）の頑強な体の夫も、こういうマシーンは苦手で、険しい顔つきをしていた。夫と私は、仲が良くてというよりも、何かにすがりつくような思いで、ガッチリと手を握り合って同乗した。フィニッシュは、燃え盛る火山の中に飛び込んで行くのかと思ったが、（もはや終わりかと思った！）直前にあっさり降下。

乗り終えてみると、「大したことなかったね」と、夫と私。ほっとして微笑み合う私達に、娘の容赦のない一言。

「じゃ、あっちの乗り物に乗ってみる？」

十歳の小娘が、四十を過ぎた私達に向かって挑発する。末恐ろしい娘である。「上等

しかし、娘の指差す方に目をやって、すっかりトーンダウンする私。夫とて同じ。夫の気持ちが手に取るように分かった。

「さぁ、そろそろ帰ろう」

　夕食は、ビーチロードとアリソン・ストリートの真ん中に位置しているイタリアン・レストランに入った。そのストリートは、日本料理店、スペイン料理店、マレーシア料理店と、まさに移民の国オーストラリアを象徴しているようなストリートだった。

　パスタとピザをそれぞれ二人前ずつ、ラージで注文したら、店の女主人らしき人は、「ノー　ミディアム　オーケー」と、メニューを指差しながら、普通の大きさで十分ですよと言う。ジャパニーズは食が細いから、食べ残さずに決まっているわ、と信じて疑わない様子。何でも大きいお国柄だ。きっと、こちらのミディアムは、日本のラージくらいあるのかも知れない。勝手がわからないので、言われるままにミディアムに変更した。

しかし、私達は普通のジャパニーズではなかった。自慢じゃないが、夫婦と小学生の子供二人で、一カ月の米消費量が二十五キログラム。米屋もビックリの大食いの怪物家族なのである。

結論から言って、四枚の大皿（確かにミディアムと言っても、日本のものより大きかった！）はキレイに平らげ、まだ余りある腹具合だった。おいしかったのか、皿にこびりついているソースをペロリと舐める息子。

「どういう躾されているの。親の顔が見たいねぇ」と、私が言うと、「鏡見たらー」と応戦する息子。

あぁ、そうでしたぁ。この私が、親でしたぁ。失礼しましたっ。

オージーは豪快で明るいぞ！

一月十二日（火）オーストラリア三日目

今日は、前日に申し込んでいたオプショナルツアー『南ストラドブローク島行きトロピカル・クルーズ』だ。

天気は、薄曇り。ホテル前には午前九時に送迎バスが来ると聞いていたが、朝、のんびりしていた私達は、ぎりぎりセーフでバスに乗り込む。

「ハロー」

バス内は、外国人のツアー客のみで、私達は、やや気後れ気味に、「ハロー」と返した。

マリーナ・ミラージュにバスが到着。船を待っていると、オウムを肩に乗せたオジサ

オージーは豪快で明るいぞ！

ンが、「写真を撮らないか」と、お決まりの記念撮影を持ちかけてきたが、「ノー」ときっぱり断った。あまりにも毅然と断るジャパニーズの私達に、たじろぐオジサン。オジサンの肩が寂しそうで、ちょっと気の毒だった。

いよいよ、クルーズ。ゆっくり運河を通って行く。すぐにランチタイムになった。年配のオージーカップルが私達の横に座った。

ランチはオージービーフと、シーフードのバイキングになっていて、肉が好きな男組、シーフードが好きな女組、それぞれの好みで選んだ。シーフードはカニ、カキ、エビ、ムール貝で、肉はビーフ、ハム、横にバターで炒めたお米もあった。ドリンクは、夫が赤ワイン、私は白ワインのグラスを、子供達はオーストラリアに来てすっかり気に入ったレモネードだ。

夫は、「レッドワインのアールは、下を丸めて発音するんだぞ」と偉そうに言う。

「じゃ、お手本見せてよ」と返したが、どっこい、いざ、オーダーを取りにきたボーイ

さんの前では、だんまりと貝のように口を閉ざす。しかたなく、ジャパニーズ英語の欠点を一身に背負った「RもLもあるものかぁ」という大胆かつ開き直った発音で注文したが、ジャパニーズのひどい発音には慣れているのか、しっかり通じた。(どうだ。まいったか。)

オーストラリアの食事にはあまり期待していなかった女組は、恐る恐る皿に少しずつのシーフードを盛り付け、席に着いて食べると、これが美味でびっくり。通路側に年配のカップルが座っていたので、お代わりしたいのをジッとがまん。彼らが席を立つのと同時に、「それっ」とばかりにバイキングへ突進。

シーフードは、ただ塩でボイルしただけの手をかけていない味付けなのだが、そのシンプルさゆえ、鮮度の良さと味を際立たせていた。女組は「おいしい。おいしい」と言って、場はどんどん明るくなっていくが、男組は「肉が固くてまずい」と、妙に暗い。

隣に目をやると、山盛りのシーフードとボトルワイン一本。「昼間から、そんなに飲んで大丈夫？」と、余計な心配をしたが、彼らにとっては日常茶飯事、屁のカッパなの

だろう。

酒量のせいか、どんどん盛り上がっていくお隣さん。とても仲睦まじくて、私達まで心が和むムード。娘も、「あのお年寄りさんたち、仲が良くて、こっちまで幸せな気分になるね」と言っていた。幸せオーラは周りの人をも包んでしまうのだろう。

これが、豊かな老後というものかも知れない。どうか、私達夫婦も将来こんな夫婦でいられますように……。

しばらくして、ふと気がつくと、隣のテーブルの上には皿いっぱいの山盛りのフルーツが置いてあった。

「フルーツもあるんだぁ。よっしゃ」

果物好きの娘と顔を見合わせ、そう言いつつ席を立とうとする私に、並々ならぬ気迫を感じたのか、奥さんは、「プリーズ」と言ってフルーツ皿を差し出した。ちょっと図々しいが、素直に「サンキュー」と言って、ありがたく頂いた。

この一件でもそうだが、オーストラリアに来て痛感したのは、オーストラリアの人々

の自然体の親切だ。決して押しつけがましくなく、スマートでさりげない。果てしなく広がる大地に負けない懐の深さに感激した。

お隣のカップルもまた、何事もなかったように『二人の世界』に戻って行った。親切をしても、次に深く介入してこない。

う～ん。大人の社会なんだなぁ。

プライベート・リゾート地である南ストラドブローク島に到着すると、マリン・スポーツをするオージー達でにぎわっていた。島にはプールがあり、子供達は、早々に水着に着替えて泳ぎ出す。まさに水を得た魚のようだ。

夫と私は、子供達を眺めながら、椅子にもたれ、オーストラリアン・ビアを頂く。空を仰げば、大きな大きな青い空。

出掛ける時は、今にも泣き出しそうな空だったが、いつのまにか、すっかり御機嫌直して笑っている。私の心よろしく単純だね。

青空の下のビールは、格別おいしく単純だね。至福の時にどっぷりと浸る夫と私。

更に、私を舞い上がらせる事態に遭遇。

スクリーンに登場しそうな（もちろん主役）ハンサムな青年が私達に近づいてきて、「ココ、イイデスカ」と、流ちょうな日本語で話しかけてきた。非常に残念なことに、夫にである。

しかし、ちょっと待て、車は急に止まれない、じゃないが、一瞬の気の緩みが危険を招く。

私達は今、開放感いっぱいで、頭のてっぺんから足の先まで、隙だらけ。海外旅行のビギナーが最も気をつけなければならない基本中の基本。海外でやたら親しげに日本語で話しかけてくる人物には要注意だと、確か英会話教室のテキストにも書いてあったではないか。

（ムム…怪しいゾ）

彼の一挙一動を、見逃すまいと、私の細い目は、せわしなく動いた。

だが、よーく考えてみると、私達は高価なブランド品を身につけている訳でもない。

どこからどう見ても、ジャパニーズの金持ちには見えないはずだ。実際、所持品と言えば、小額のトラベラーズ・チェックと小銭。高価な物は唯一、夫の宝物であるビクターの小型ビデオのみ。

こういう時、貧乏人は強い。失う何物もない人間（命だけは別だが）は、怖い者なしだ。

それに、彼を逐一観察して、怪しい人物ではないことが分かってきた。以前、日本に住んでいたとかで日本人を見て無性になつかしくなったらしい。

「ニホンノドチラカラ、キタノデスカ?」とハンサム君。

「北海道です」と夫。

「ホッカイドウハ、イチド、イッタコトガアリマスガ、サムイトコロデスネ…」とハンサム君。

実になごやかな会話をする二人。なんとかその会話に参加しようと、私は焦って、

「スノウ、スノウ」と得意満面、英単語で、彼らの話に割り込んだ。彼は流ちょうな日

本語で話しているというのにだ。一瞬、場が白け、鼻白むハンサム君。

（キャー。恥ずかしい）

穴があったら入りたい、という心境だった。

だが、こんなことで今更へこたれるような私ではない。こういうドジは、しょっちゅう。年季が入っているからね。

「日本語、お上手ですね」

と、前言を打ち消すように即座に言い直した。

しかし、彼は『ただ者』ではなかった。

「イエ、タシナムテイドデス」

高倉健のように心憎い言葉を残して、さっそうと去って行った。（外国スターには疎いもので、あえて日本の大スター健さんの登場となりました）

しばらくボーッとしていた夫と私は、ハッと息を飲んだ。私達の前を通り過ぎるナイ

スバディの金髪美人。黄色い超ビキニが悩ましい。先ほどのハンサム君にしろ、彼女にしろ、オージーの若者はカッコイイ。本当に目の保養になるんだわぁ。

私の目はすっかりおじさん化して、しばし釘付け。一方、正真正銘のおじさん（夫のことね）は気兼ねがあるのか、チラッチラッと視線を投げかけていた。彼女の姿が見えなくなると、溜息交じりに、「ビデオに撮れば良かったなぁ」と残念そうに言う。

「またナイスバディを撮りに、オーストラリアに来ようよ」

夫の肩を力強く叩いて、私はケラケラと笑った。

夫と、取るに足りない会話をしていると、クルーズ内で同席していた奥さんが、私に声を掛けてきた。自分のバッグを指差し、「これを見ていてくれ」と言っているようだ。英会話よりもジェスチャーの方が理解できた。クルーズ内で、フルーツを頂いた恩もある。それに、「ギブ・アンド・テイク」と言うではないか。私は気持ちよく、笑顔で

オージーは豪快で明るいぞ！

「オーケー」と返した。それにしても随分、私も信用されたものだ。

「サンキュー」と言って戻ってきた彼女は、水着姿だった。夫は、こちらの水着姿には食指を動かされないのか、興味を示さない。ビデオはしっかり伏せられたまま。分かり易い男だ。

どひゃぁ。なんと彼女は、ハズバンドと仲良くプールの中。

「おいおい。あれだけワインを飲んで、大丈夫かぁ」

オージーの老人パワーはすごい。若者に負けない、存在感の大きさには、ただただ脱帽だ。

帰りのクルーズでは、次々と海に飛び込む乗船者がいて、何事があったのかとハラハラドキドキして見ていると、クルーズに繋がった水上スキーでにこやかに登場する者、「キャッホー」と、周りをスピードボートですり抜ける者、マリンスポーツの花満開である。それを見学するオージー達の歓声。どの人も、豪快で明るい。

しばらくして、マリンスポーツのオンパレードは終わり、一階の客室で、私達は休んでいた。

ステージでは、バンド演奏が流れている。

「ウ～エホォムフィイツェ…」

船内で唯一のジャパニーズである私達のために「上を向いて歩こう」のプレゼント。やっぱり今だにジャパニーズソングと言えば、スキヤキソングなんだなぁ。でも、じっくり聴いていると、なかなかの味があって、心がうずく。オーストラリアで聴く「上を向いて歩こう」は、私をセンチメンタルにした。

唄い終えたボーカルの男性に向かって、精一杯の拍手を送ると、彼は、私に向かって、「ユア ネーム？」と聞いてくるではないか。これは大変。大衆の面前でナンパかぁ。一瞬舞い上がったが、大いなる勘違い。少し、間を置いて名乗り上げると、「カモン」と言う。まるで、催眠術にでもかかったように、ステージ上に集合。何が始まるのか……そして次々とクルーズ内の女性客が呼ばれ、

50

オージーは豪快で明るいぞ！

一人ずつ、フラダンスを披露するらしい。即興で呼ばれたと思うのだが、どの人も余裕たっぷり楽しそうに踊っている。日本では、「物怖じしないおばさん」と、自他とも認める私だが、フラダンスとなると話は違う。まるで自信がない。「嫌だぁ。嫌だぁ」と日本語でジタバタ抵抗したが、ふと、この場の楽しいムードを私が壊して良いものかと、考え直して度胸を決めた。

オージー流は、何事も楽しむことだものね。

「ジャパニーズ・ア〜ケィミィサァマァ」の声で、私はステージ中央に進み出て、メチャクチャなフラダンスを踊った。手も足も、てんでバラバラの破れかぶれである。踊っている間中、子供達は不安げに私を見ていた。私はニコニコしながら子供達に、「おいで、おいで」と手招きしたが、彼らは金縛りにでもあったように動かない。夫は涼しい顔で相変わらず、ビデオである。

踊り終えて、夫と子供達の感想。

「まるで、教祖みたい」

異様なダンスは日本の恥?

おぞましい姿を見せてしまったのだろうか。「日本の恥」だったかもしれない。

クルーズ後、ホテル前までバスで送ってもらい、その足で海岸を散歩しようと、夫が提案。気力があるが、体力のない私はホテルで一休みしたかったのだが、タフな夫は元気一杯だ。「ファイト、根性」を背中にしょって海岸を走りたいのだろうか。柔順な妻である私（後でしっかり貸しはとるもんねー）は、つき合うことにした。

「サーファーズパラダイス・ビーチ」という名のとおり、サーファーが狂喜しそうな高い波が何回も何回も押し寄せて来る海岸。オーストラリアの海は、あまり遊泳には向いていないようだ。

待ってました、とばかり、ロングビーチに駆け出す息子。その姿は、シッポ振り振り嬉しそうに走る犬のようだ。

「お兄ちゃん、犬みたいだね」と、娘に話しかけると、「うん。でもその割に犬を怖がるよね」と返答する娘。

「きっとさぁ、前世は犬だったんだよ。もちろん血統書付きの犬じゃなくて、野良犬。それも気の弱い犬でね。仲間の犬にいじめられたんだよ」

またしても、私の勝手な解釈、思い込みの激しさが頭をもたげる。前世を見た訳ではないが、何故か確信が持てる。

そんなこととは、つゆ知らず、相変わらず犬みたいに嬉しそうに駆け回る息子。息子を真似て、私も娘も犬になり、砂浜をぐるぐると円を描くように走ると、キュッキュッと砂が鳴った。ゴールドコーストのロングビーチは鳴り砂だった。

そんな私達をビデオに収めているのは、毎度おなじみ、夫である。

「ゴールドコースト　サイコー」

子供達と一緒に大声で叫んだが、激しい風の音に掻き消されてしまった。

こんにちは、大人の街シドニー

一月十三日（水）オーストラリア四日目

午前五時三十五分にモーニングコールが鳴った。いつもは寝坊の私だが、旅に出ると朝早くても気持ち良く目が覚める。今日も例外ではない。

「もう起きたのか。嫌に張りきっているね」いつも早起きで、規則正しい夫が、部屋に入って来て、皮肉っぽく言う。

「旅行に来ると早く起きれるんだよね」

「そういうの怠け者っていうんだ」

ハイ、ハイ。あなたは蟻のように、勤勉ですからね。

ちなみに、夫似でまじめで努力家の娘と、能天気でいい加減な性格の私に似た息子。

『蟻とキリギリス』の物語から、夫と娘のペアを「蟻組」又は「アントニオ組」(不幸にも、アントニオ猪木の顎を持つ夫に似てしまった娘)、私と息子は「キリギリス組」又は「眉なし組」(不幸にも、眉毛のない私に似てしまった息子)と、普段は呼んでいる。
蟻組は協調性があるが、ワガママなキリギリス組は些細なことで、いさかいを起こす。
だから、我が家の平和を守るため、極力ペアを組まないよう努めている。
今日は、ゴールドコーストからシドニーに向かう。午前八時三十五分発のカンタス航空の飛行機に乗る。ゴールドコーストのクーランガッタ空港内でのことだ。
「あの人、オリンピックの水泳の選手だって」と、夫は小さな目を丸くして言った。夫が指差す方に目を向けると、テレビ取材でも受けているのか、カメラマンとインタビューに取り囲まれた体格の良い青年がいた。
突然、太ったおばさん(オージーの中年女性は皆太っている。あっ、問題発言かな)が夫の肩をツンツンとつついて、「スイマー」と言って泳ぐ真似をし、続けて「オリンピック」と彼の方を指差して教えてくれたという。

こんにちは、大人の街シドニー

それを聞いて、想い出した。以前ローカル線の電車に乗っていた時、私の前の席に座っていた見ず知らずのおばさんが、突然私のジャケットの裾をズンズンと引っ張り、「和泉雅子」といいながら、指差して教えてくれた。そちらに目をやると、今は女優というより、冒険家で有名なあの「和泉雅子」が座っていて、びっくりしたものだ。

やっぱり、おばさんは、万国共通気さくなのである。

そういえば、二〇〇〇年はシドニーオリンピックだ。

夫は、取材を終えた彼のそばに行き、何気なく(そうするにはかなり無理があるが)ビデオを向けるが、彼にジロッと睨まれ、そそくさと戻って来た。なかなか「スター」を撮れない気の弱いカメラマンである。一部始終を見ていた私は、ハハハ…と、笑ってしまった。

シドニー空港には、現地時間の午前十一時に到着。シドニーは、サマータイムなので一時間ゴールドコーストより早い。また時計を一時間早めなければならない。

空港前に送迎バスが待っていて、私達をA社のラウンジのあるセガ・ワールドまで乗

せ、そこでまた一通りの説明があった。

セガ・ワールド・シドニーは世界最大級の屋内型テーマパークだとか。過去、現在、未来をテーマにしたバーチャルリアリティの世界を体験できるというハイテク遊園地である。

だが、二時間ほどの自由時間しかない。例によって、翌日のオプショナルツアーの内容を決め、申し込みしなければならない。昼食も取らなければならない。お土産ものぞかなければならない。

ねばならないの大行進で、とにかく忙しかった。セガ・ワールドのすべての施設を利用できるフリーパス券は、使わずじまい……。何だか、もったいない話だよね。

ゴールドコーストでもそうだったが、子供達は、日本に帰ったらコアラのぬいぐるみ専門店でも始めるのではないか、と思うほど、行く先々でコアラのぬいぐるみを買い占めていた。

いくらオーストラリアの象徴がコアラだとしても、これはやりすぎじゃないの？　と

こんにちは、大人の街シドニー

思うほど豊富な種類。
「わぁ。かわいい－」「あっ、これもいいなぁ」
ぬいぐるみが大好きな娘の瞳の中には、確かに少女マンガのように無数の星がきらめいていた。(少し、オーバーか)
そんな娘に触発されたのか、息子も俄然はりきって競うように買う。
と言っても、子供達のおこづかいの範囲内だから、私はただ傍観するだけだが……。オーストラリア・ドルを使っての買い物が楽しいのだろう。まるで、『買い物ごっこ』だ。

昼食は、ステージ上のパフォーマンスを見ながら頂いた。
ピザとカレーを二人前ずつ注文したが、はっきり、言わせてもらうが、非常にまずかった。ステージでは、オージーの子供達相手にトイレットペーパーをグルグル巻き付けたり、子供を目隠しして風船を持たせ、ドリルを持ったおじさんがズンズンと近づいて割る寸前に目隠しを外す……という大仕掛けのハラハラドキドキパフォーマンス。日本

59

コアラのぬいぐるみ全員集合!!

人の私からすると、「何やっているんだべか。はんかくさい（バカみたい）。トイレットペーパーがモッタイナイべさ」（北海道弁の登場だーい）と文句の一つも言いたいところだが、オージーの家族連れには、かなり受けていたようで、ヤンヤヤンヤの喝采。

そのステージに釘付けになった娘は、食事が終わっても離れようとしない。

「時間がないから、もう行くよ」と何度言っても、生返事ばかりで、いっこうに動かない。

「置いていくぞぉー」と、怒鳴る息子。

娘はノロノロ歩き出したものの、何度も何度もステージを振り返り、歩は進まない。

「いいかげんにしろっ。お母さん、置いていこう」と息子は私の手を引っ張って、足早に歩き出した。娘は慌てて泣きながら、私達についてきた。

小さな瞳からは、大粒の涙がポロポロと溢れ出ている。

「よしよし、そんなに泣かなくてもいいよ」

優しく抱きしめながら言うと、ますます激しく泣きじゃくる娘。

「でもね、集合時間に遅れると皆に迷惑かけるんだよ」

私の言葉に、ションボリと肩を落とす。

普段しっかりした娘だと親バカながら思っていたが、やはり子供なんだなぁ。当たり前の話だが。

女の涙に弱いのは、世の男の常である。夫は困ったように立ち尽くす。男の端くれである息子も同じ気持ちなのか、次に息子がとった行動には驚いた。

突然、土産店に飛び込んだと思ったら、ぬいぐるみを手にして戻ってきた。(もちろん、彼のポケットマネーで買ったので、変な誤解しないでね。そこのところよろしく）

そして、ツアーバスに乗り込むや否や、ぶっきらぼうに娘にイルカのぬいぐるみを差し出した。すると、さっき泣いたカラスが、いや娘が、パァーッと明るい表情に変わり、

「これ、くれるの？　ありがとうっ」と現金なもの。

旅に出て、非日常の中にいると、同行者の今まで見たことのない意外な一面を発見する。

こんにちは、大人の街シドニー

気が小さくて慎重だと思っていた人が、旅先の開放感からか、普段考えられないような大胆な行動をとったりする。また、その逆もあって、強気だとおもっていた人のデリケートな一面を発見したり……。

毎日接して、すべてを分かっているつもりの家族一人一人にも、未知の部分がたくさんあるのだ。いや、もしかしたら近過ぎて見えないということもありそうだ。

これは、自分自身にも言える。自分の中の知らない自分に出会える楽しさ。

特に、海外に行くと、その国なり、人なりに触発されて見えてくるものがある。

これが、旅行の醍醐味かもしれない。

異文化を体験することによって、自分の足元を見直すきっかけができ、さらには未来への開拓精神に繋がると言ったら、大げさか。

だから、おばさんは言いたい。

今、がんじがらめの閉そく感の状態にいる人は、思いきって、それを切ってでも、旅に出て欲しいと思う。

持ち物は、着替えのTシャツとジーンズ、そして、多少のお金があればいい。

少年、少女よ、旅をしよう。若者も、中・高年も旅をしよう。蟻さん人間は尚のこと、ちょっと休んでね。旅に出ようよ。

なんだか、『おばさんの主張』になってきたなぁ。

それにしても、普段いい加減で頼りないお兄ちゃんだと思っていたけれど、見直したよ。泣けてくるねぇ。美しい兄妹愛！

ツアーバスは、日本人観光客一同を乗せ、シドニー市内を走る。

市内観光は、ドースポイント、キングスクロス、ハーバーブリッジ、ロックス地区を途中、記念撮影の時間を挟んで、駆け足でバスで通過。そのせいか、どこをどう回ったのか頭の中は混乱していたが、車窓から漠然と眺めるシドニーの街並みは、洗練された美しい都会で、イギリスの空気を感じた。

二〇〇〇年に、シドニーオリンピックが開催されるためか、街のあらゆる所で大々的

こんにちは、大人の街シドニー

な工事をしていて、ただでさえ狭い道路は大渋滞だった。抜けるような青空で、気温もかなり高そうだ。三十一、二度はあるのではないか。ガイドの女性も、「今日は特別暑くて、申し訳ありません」と自分に非があるように言った。

余談になるが、オーストラリアでは、テレビ局によって天気予報が異なることがよくあるという。従って、外出する日は、朝起きた時の空模様と自己判断で傘を持参するか否かを決めるという。

なんでも正確さにこだわる日本人には、考えられない話だ。でも、このいい加減さが、キリギリス的生き方の私には、なんとも微笑ましく感じる。

「シドニーに来たら、当然オペラハウスだよね」という強気の姿勢で、私達もゾロゾロとガイドの女性について行く。しかし、カァーッと照り返すような強い陽射しの中、オペラハウスの長い階段を上るのは、かなりきつかった。

「オペラハウスは十四年の年月を費やして建設され、完成してから今年で二十五年目で

オペラハウス
　　スリに注意！

こんにちは、大人の街シドニー

す」とガイド嬢。あちらこちらでパチッパチッとカメラに収める観光客。あらゆる国の観光客がいて、ごった返していた。
「ここは非常にスリが多いので、気をつけてください」と言うガイド嬢の言葉に、息子と娘の目がキラリッと輝いたのを、私は見逃さなかった。
「いいか、バッグは斜め掛けで、常に手で押さえているんだぞっ」と、気合の入った息子。「うんっ」と、これまた力強く返す娘。
「取られて困る物など、入っているのかなぁ」と、思ったが、この位の緊張感があった方がいいだろうと、黙っていた。
 オペラハウスから眺めたシドニー湾は、世界三大美港（香港、リオデジャネイロ、シドニー）の一つと言うだけあって、溜息が出るほど美しかった。
 オプショナルツアーで、必然的に組み込まれているのが、免税店。この市内観光も例外ではなかった。
 免税店に入ると、ブランド大好きの息子（ブランド物は一つも持っていないが……）。

当然だぁ。生意気だって言うの。中身がブランドじゃないのにさ)は、「プラダのサイフはどこかなぁ」と目を輝かせて店内を物色していた。
「記念に何か買ってあげようか」と、夫は気を遣って言ってくれた。ゴールドコーストでオールブラックスのラガーシャツとラガー帽子を買ったからだろう。
「いらな〜い。シャネルの香水も、カルガモ(言い間違っても誰も気づかないほど、ブランドオンチ一家なのだ)の靴も、セリーヌのバッグもエルメスのスカーフも、どれもこれも全然欲しくな〜い。そんなお金があったら、また海外に行きたいっ」
と、一気に言い終えた私を見て、娘が言う。「お母さんって、男みたいだね」
確かに、そうかもしれない。色気のない話だが、私にとって免税店は、トイレタイム以外の何物でもない。
だから、所要時間は短くて良い。そんなツアー客も、中にはいるのだから、もう少し選択肢を広げてくれれば……と思う。(ワガママかな)

こんにちは、大人の街シドニー

夕食は、ミール・クーポンで、宿泊先のホテル・ニッコー隣の日本料理店で、またしても和食。

夫は何を血迷ったのか、スペシャルに追加したので、ディナーは、それはそれは夢のような御馳走。おまけに、タイやヒラメの舞い踊り。(そんな訳、ないか)

貧乏人の自慢話として、聞いて欲しい。前菜盛り合わせ、刺身盛り合わせ、茶碗蒸し、天ぷら盛り合わせ、和風サラダ、和風ヒレステーキ(夫と子供達)、アワビステーキ(私)、御飯と漬け物、味噌汁、デザートというフルコース。我が家の一週間分のメインディッシュではないか。旅に出ると、金銭感覚が麻痺するのか、とんでもない浪費をすることがある。

お上品に少しずつの盛り合わせではあるが、これだけの品数だ。結構なボリュームだと思うのだが、そこはマイ・ファミリー怪物どもの集まりだ。「おいしい。おいしい」を連発して見事に平らげた。

店の窓から、シドニー港が見渡せ、最高にロマンチックなムード。時間的にも、日が

暮れる頃で、刻一刻と海に陽が落ちていく様は、胸がキュッと切なくなるほどだった。

シドニーは、大人の恋が似合う街だな。それも、悲恋！　私は、心の中で呟いた。

もし、私が映画監督（いや脚本家か）ならば、この街を舞台にした甘く切ない恋物語を創るだろう。

二十代後半のユウコは、訳あって日本からオーストラリアのシドニーにやってきた。そこで、オージー青年のジャックと巡り会う……。遠くにハーバーブリッジが見え、オペラハウスはライトアップされている。シドニー港を背に抱擁する二人。

瞬く間に、その情景が私の脳裏に焼き付いた。

ハッと我に返って、辺りを見渡すと、子供達は黙々と食事中だった。御馳走の前では実におとなしく、いい子だ。さて、夫はと、柄にもなく艶っぽいセンチメンタルな潤目で見て（自己判断なので、信ぴょう性はない）、現実に引き戻された。

「ビールのお代わりする？」

やはり、色気より食い気、いや酒である。

70

タロンガ動物園はジャングルだぁ！

一月十四日（木）オーストラリア五日目

オーストラリアに来て、ゆっくり観光できるのは、今日が最後。明日は帰国する日だというのに、朝からあいにくの雨。(旅行者は勝手だね。雨が降らなければ、オーストラリア農民はお手上げになるし、国民も困るのに)

今日のスケジュールは、タロンガ動物園へバスで行き、帰りはシドニー湾をクルーズしてシドニー水族館へ直行するというもの。

タロンガ動物園は、自然生態系に近い環境の動物園で、世界屈指と言われているそうだ。

それだけに広大で、私達人間がジャングルに迷い込んでしまったような錯覚に陥る。ス

ニーカーを履いていても足が痛くなるほどなのだから、パンプスだったら……大変だったと思う。

まず最初は、ガイドの男性が案内してくれた。ほとんどが新婚さんで、おまけに雨が降っていたので、どのカップルも相合い傘でいいムード。

「そんな説明どうでもいいもんね。ここは、二人の楽園。ほっといてちょうだい」という完全無視の世界だった。

ガイドの男性に同情した私は、できる限り彼の説明を誠意を持って聞こうと、耳をダンボにし、彼の一つ一つの説明に「うん、うん」と、大きく頷きながら、後ろにぴったりと張り付くようについて行った。（一歩間違えれば、ストーカーか）

一番初めに、マイ・ファミリーの目を引いたのは、ゴリラだ。親ゴリラのそばで、子ゴリラがじゃれあって遊んでいる。それが、とても楽しそうで、実に平和。かわいいったら、ありゃしない。

「日本じゃ、怖いと思っていたゴリラも、ここでは、かわいくて、いい顔しているね」

タロンガ動物園はジャングルだぁ！

娘の言葉に頷いた。きっと日本のゴリラは、狭い檻に入れられ、食べることしか楽しみがないのだろう。だから、いつもガツガツしていて、可愛げがない。ストレスが顔に出ているのだ。人間だって同じかもしれない。

次に、ワラビーやカンガルーが放し飼いになっている檻の中に入り、子供達は人参を食べさせようと必死。特に息子に対して「こいつは何をしでかすかわからん」という警戒心をあらわに見せるワラビー君達。まさに動物的勘というやつだ。

一方、動物好きの娘のそばには、ワラビーもカンガルーもすぐに懐き、娘はニコニコと顔が緩みっぱなし。

私は、先ほどから、カンガルーもワラビーも見分けがつかないので、ガイドの男性に尋ねてみると、「小さい方がワラビーです」とあっさりと言われた。

しかし、小柄なカンガルーだっているだろうし、大柄なワラビーだっているではないか。そんなことを真剣に考えていたら、ますます訳が分からなくなった。

やがて、ガイドの男性の一声で自由行動になった。一時間半後、動物園の駐車場で集

ツアー客は、それぞれの「愛の園」を求めて、散り散りになった。（考えすぎかな）合だと言う。
私達は次に、オーストラリア特産の卵性哺乳類カモノハシ（足に水かきがあり、口がカモに似ている）という非常に珍しい動物を観察した。
娘は、「かわぁいい。かわぁいい」としつこく言って、鼻を水槽にくっつけて離れようとしない。
「カァーモノーハシー、コーッコーッ」という『カモノハシに捧げる唄』まで、作詞作曲して、上機嫌。カモノハシに、ひと目ボレ、初恋である。
息子は、あまり好みではなかったのか、「早くホワイトタイガー見に行こうよ」と、そっけない。薄情な男である。
「ホワイトタイガーの檻はどこだぁ？」
蟻組は、頭をつき合わせて、必死に地図で場所を捜す。その間、大自然の中で野生の血が騒いだのか、キリギリス組、大声でけんか。いつもそうだが、事の発端は豆粒ほど

タロンガ動物園はジャングルだぁ！

の小さなことなのだが、お互いに売り言葉に買い言葉で収拾がつかない位に罵倒し合う。

クワバラ、クワバラ。

普通の人なら、「ふん、もうあんたの顔なんて二度と見たくない」と言って、あっち向いてホイ状態だろうが、そこは親子。時間が経てば（それも、カップメンができる位の早さで）また何事もなかったように、話したり、笑ったり……。要は、二人とも根が単純ということか。

いろいろ迷って檻を見つけたが、ホワイトタイガー君はお昼寝中で、今一つ迫力に欠けた。

「ホワイトタイガーとライオンが戦ったら、どっちが勝つかなぁ。ボク見てみたいなぁ」

恐ろしいこと言う息子である。でも、本当にどちらが勝つのかなぁ。私も考え込んでしまった。

特別に動物好きではないので、動物園は子供のおつきあいと割り切って来たのだが、タロンガ動物園は非常に魅力的で、夫ともども感動してしまった。

タロンガ動物園はジャングルだぁ！

いや〜、本当にオーストラリア人の動物愛護の精神は素晴らしい。

感動を胸に、私達は動物園近くの船乗り場から、シドニー湾クルーズ。

船内では、ランチを取りながら、シドニー市街を見渡す。キャプテン・クックの気分だ。しかし、雨が降ったりやんだりの天候だったので、今一つという気がした。

ランチの内容は、オージービーフ、ハム、シーフード（エビ、カキ、ムール貝）のバイキング。パン、ケーキもあり、とても美味。イギリスの植民地だったというだけあって、どこへ行っても紅茶は、だんトツのおいしさだった。

船はダーリング・ハーバーに着くと、目の前はシドニー水族館だ。

このオプショナルツアーは、シドニー水族館で解散を希望する者と、水族館から免税店へと直行する者と二者択一になっていた。私達は、もちろん前者を選んだが、ほとんどのツアー客は免税店の方を選択。

シドニーは、木曜日が買い物デーということで、デパートは午後八時（だったと思う）、他の店もだいたい午後九時まで営業している。平日は、どの店も午後五時か六時にはシ

ャッターが下りるというから、驚きだ。

日本では消費者の利便性のためか、はたまた他店への競争心からか、営業時間がどんどん延長される傾向にあるが、やっぱり働き過ぎだよね。

サービス業に働くお父さん、お母さんを持つ家族のためにも、そして本人のためにも、もう一度考え直してみてはどうか。人の生活を豊かにするために、誰かが犠牲になっている。豊かさとは何なのだ？　おっと、つい力んでしまった。

シドニーも、買い物好きジャパニーズ（他国の観光客もそうかも知れないが、日本人は異常に買い物好きな人種ではないか）の要望に応えるように、免税店は連日、夜遅くまで営業しているようだ。

「オパールでも何でも、日本で買うより安いでっせぇ」

大阪商人よろしく、モミ手で待っているに違いない。

ツアー客の好みは、千差万別だから選択肢の広い、こういうオプショナルツアーは大歓迎だ。

タロンガ動物園はジャングルだぁ！

　シドニー水族館は、世界最大級の規模を誇るだけあって、堂々としたたたずまいだった。
　館内は、オージー・ファミリーで大変混雑していた。
　長さ一四六メートルの海底トンネル内では、エイやサメその他の魚が、悠然と泳いでいる。その様子をガラス越しに観察するのだが、トンネル内を歩いている私達の方が逆に魚たちから観察されているような奇妙なムード。
　ヒトデやウニや貝など、自由に触られる体験コーナーがあり、オージーの子供達に混じって、我が子たちも、水槽の中に手を入れる。あちこちと、かき回すように触って、飽きた息子はすぐにその場を離れた。娘はというと、貝を触ってはジッと動かず物思いにふけり、ウニを触ってはまた物思いにふけるという具合。いっこうに動かない。『考える人』だ。
「何やっているんだろう」
　娘のペースで、この広い水族館を全てくまなく見学したら、一年はかかりそうだ。そ

タッチプール

触れる人.眺める人.考える人.

タロンガ動物園はジャングルだぁ！

れはちょっとオーバーだけれどもね。

飽きっぽく、気まぐれな私と息子は、自分の興味の無いことに時間を割かれるのが、大の苦手。早い話が、我儘だということだ。

なかなか動こうとしない娘のボディガード役に夫を抜擢し、体験コーナーを集合場所にして、自由行動にした。

私は一人、混雑しているコーナーを避け、人のいない場所へと逃れるように歩いて行った。

通路の両サイドが全て深く大きな水槽になっている。まるで魚達が私を見下して嘲笑しているみたいだ。

私は、奇妙な錯覚に陥った。海の底に紛れ込んでしまった浦島太郎みたいな気分。いや浦島太郎は、カメの案内で海の世界へと誘われたのだから、少し違うか。気持ち良さそうに泳いでいる魚達を目で追いながら、しばし恍惚感に浸る私。

不思議だ。海の底に一人残された寂りょう感と、それでいて、帰るべき所に帰ってき

たという安ど感。相反する感情を同時に味わった。

これは、今まで四十数年間生きてきて、初めて持った得体が知れない、体の奥深くから沸き起こる感覚だった。

こんな不思議な気分になったのは、シドニー水族館が人為的ではなく、自然生態に配慮した豊かな海のイメージそのままを再現しているからだろう。

ここでまた、オーストラリア人の徹底した自然愛護の精神に脱帽だ。

「シドニータワーに行ってみよう」

水族館を出ると、タフガイの夫は限りなく元気に、そんな恐ろしいことを言う。

タロンガ動物園とシドニー水族館、この二箇所で、私の一カ月分の歩数はとうに超したと思う。

だって、あんたぁ、片や世界に誇る広大な敷地の動物園、それに負けず劣らず広大な建物の水族館だよ。そこをくまなく歩いてごらんなさい。膝は笑う、足は泣く、脳味噌

タロンガ動物園はジャングルだぁ！

は踊る、と何が何だか訳分からない。疲労困ぱい、御飯は二杯、これで精一杯という状態だ。

私は、水族館前の船乗り場の階段にヘナヘナと座り込んでしまった。

私に体力が無いのか、それとも普段の運動不足のせいなのか。子供達も夫同様、全く疲れていない様子で、二人仲良く肩を並べて、土産店をあっちチョロチョロ、こっちチョロチョロとウォッチング。

「シドニータワーってどこにあるの？」

おもむろに地図を広げて見てみると、なんのことはない。目と鼻の先。歩いて七、八分というところか。

という訳で、重い腰を上げて、シドニータワーに、いざ出動。

マーケット・ストリートを真っすぐに行くと、シドニータワーがある。

マーケット・ストリートという名のとおり（オーストラリアは単純で分かり易いネーミングが多い）そこはデパートや商店が立ち並ぶ商店街だ。三八〇万都市というだけあ

って、人、人、人の波。今日は買い物デーの木曜日なので特別、人が多いのだろう。時間的にも仕事が終わる頃で、さっそうと歩くキャリアウーマンやビジネスマンの多いこと。

それにしても、シドニーの街には、やたらと信号がある。しかも、その信号の変わる早さには驚いた。

大人の早足で、横断歩道を渡っても、あと四、五歩という所で、赤信号に変わる。これは、私達の足が短いということを物語っているのか。気を抜かず必死で横断歩道を歩いても、だ。非常に悔しい。大人の私達ですら、そうなのだから、子供達の横断歩道を渡るときの鼻息の荒さといったら、並大抵のものではなかった。しまいにはダッシュする二人。

「走るんじゃない」

欧米人は、街を走らない。特に、イギリスの紳士、淑女はどんなに急いでいても走らない。スマートじゃないから……。確か、イギリス人の夫を持つ故森瑤子の本に書いて

タロンガ動物園はジャングルだぁ！

いたはずだ。だから、つい強い調子で注意してしまった。やっぱり、日本人は子供時代から気ぜわしいのだねぇ。

こちらの人をウォッチングしていると、横断歩道を渡っている途中、信号が変わろうとどうしようと、意に介さないという調子。案の定、走っている人は皆無。あっ、唯一走っている人を見つけたのは、シドニー港近辺でジョギングする人だけだった。

シドニータワーの展望台の入場料を支払う時も、エレベーターに乗って、どこで降りたら良いのか、戸惑っていた時も、オージーの見知らぬおじさんは（といってもオーストラリアには一人も知人がいないけれどね）、オージー・イングリッシュでペラペラと親切に教えてくれた。『旅行英会話これだけで大丈夫！』のテキストを頼りに付焼刃的に勉強した私の語学力では到底理解できない。ところが、彼の真心は十分過ぎる位、ビシバシと伝わった。彼の身振り手振り口振り（？）をジッと見ていると、「サンキュー、ベリーベリーベリーマッチ」と、何度返しても足りない位に感激。言葉が分からなくても、言いたいことは不思議と分かるものなのだ。やっぱり、ハートだよ。コミュニケー

ションの基本は。それさえしっかりしていれば、本当に『これだけで大丈夫！』と胸を張って旅行ができる。

シドニータワーの回転展望台から、シドニー市街を望遠鏡で見おろす。すると、夫は横でビデオを回しながら、何やらブツブツ言い始めた。

「左手後方に、ダーリング・ハーバーが見えます。あっ、右手に見えるのはシドニー水族館、その前方に私達の宿泊先であるホテル・ニッコーが走ってきました……。えーと、それから、中継していた。いや〜、お疲れさん。しかし、誰に向かって言っているんだろう。

以上、シドニー特派員でした、と続くつもりなのか、まるで、駆け出しの特派員みたいに終始しどろもどろしながら、それでも回転展望台が一周するまで、一人懸命に実況中継していた。いや〜、お疲れさん。しかし、私も子供も全く聞いていないというのに、誰に向かって言っているんだろう。

ホテルに一度戻って、シャワーを浴び、一休み。例のごとく夫の提案の下、最後の夜

タロンガ動物園はジャングルだぁ！

を楽しもう（ナンだか色っぽいね）と、マイ・ファミリーは繁華街へと向かった。（ナンにも色っぽくないね）

ゴールドコーストでのイタリアンがおいしかったので、バカの一つ覚えで、ガイドブックに載っているイタリア料理店に行ってみようということになった。

その前に、買い物が先だ。シャッターが下りないうちに、お土産を買わなければ……。

何しろ明日は帰国の日だからねぇ。

クイーン・ヴィクトリア・ビルディングという二〇〇店舗以上が軒を重ねる大ショッピングセンターに入って、お土産を物色。ガイドブックによると、市場として一八九八年に建造、幾度かの修復を終えて今に至っているとか。それを物語るように、ビザンチン色のタマネギ型のドーム、モザイク模様のフロア、そしてステンドグラスがはめ込まれた窓など、一つ一つが重厚で趣のある建物だった。

その中の『レッド・アース』（日本にも九店舗あり）というボディ＆スキンケア用品店は、子供と私のお薦め、イチ押しの店だ。

商品は、環境保護と動物保護を訴えるため、動物類は一切除外し、ハーブやフルーツから抽出した天然原料を使用しているという。まさにオーストラリアの土産品にふさわしい、オージー精神が凝縮しているような品物ではないか。

そこで私は、三人いる妙齢の姪のために、ボディソープとフルーツの形をしたスポンジを物色。子供達と一緒に何だかんだと言いながら、それぞれの姪のイメージに合わせて選んだ。

「ジャパニーズ・ガールよ、これで身も心もピカピカ磨いて、オージーのナイスバディに負けるな。がんばれ！」

そんな熱い思いを込めての土産品だ。

子供達は横目で、それを見つつ、「いいなぁ、いいなぁ」と連呼する。あまりのしつこさに負けて果物のスポンジを購入。息子は小さい頃、「大きくなったらバナナになりたい」と言って私達を笑わせてくれた（もちろん、本人は本気だった）ので、迷わずバナナのスポンジを、娘は取り立てて理由もないが、イチゴのスポンジを買ってあげると、

二人とも大喜び。

レジで、一つの袋に全て入れようとするお店の男性(彼もかなりハンサムだった)に向かって、私は慌てて言った。

「スリー　カバー」

すると彼は、鼻にしわを寄せて、手を広げ、『このオバハン、何言っているんだ?』というジェスチャー。私の言いたいことが、全く分からないということが、はっきりと分かった。

「袋、三つ欲しいのよ」

苦し紛れから、私は彼が手にしている袋をポンポン叩いて「スリー、スリー」と言うと、やっと理解できたという風に、笑顔で頷きながら、ビニール袋を三枚くれた。

教訓! オーバーアクションに勝るものなし。

その後、目指すはイタリアン・レストランとばかり、どん欲に歩き出す夫。夜のとばりは下り、イルミネーションがチカチカ点滅する繁華街へと、どんどん進入していく。

何だか、危険な香りがプンプン。いつもは慎重な夫なのに、オーストラリア最後の夜ということで、大胆になっているのか。ガイドブックに載っていたイタリア料理店を見つけた夫は、闘牛のように突き進む。その店は、電車タウン・ホール駅にほど近い場所にあった。最初に、一階で予約をし、順番待ちしてから二階で食事につくようになっていた。二階に上がると大変混雑していて、しかも、そこはレストランというより、バーのような雰囲気。子供連れには完全に場違いだった。

「アイムソリー。キャンセル」と、夫。

せっかく最後の夜なのに、発した英会話（？）が予約キャンセルの言葉とは、何と不運な夫だろう。私達は申し訳なさそうにしていると、店の女性は首を横に振りながら、

「ザッツ オーケー。ザッツ オーケー」と、暖かい口調で言ってくれた。

そんなこんなで、時計はとうに午後九時を回っているというのに、夕飯にありつけない。歩き通しで、足は棒のよう、と情けない結末となってしまった。

結局、ホテルに戻り、パスタを食べながらビール（夫）、ワイン（私）、レモネード

(子供達)で、『オーストラリア最後の夜』に乾杯。部屋に戻って倒れるように、眠りについた。

ブーメランのように……

一月十五日（金）オーストラリア六日目

ついに来てしまった。帰国の日が。
午前九時五十五分に、A社のバスがホテル前に迎えに来る。
「帰りたくな〜い」
マイ・ファミリーは、異口同音に思いをぶつける。
シドニー空港に向かう途中、いつもにぎやかな私達（私が一番にぎやかだと人は言う）は、通夜のように静まり返っていた。
前列に座っているツアー客の女性ペアとA社の添乗員の会話が、聞くともなしに耳に入ってきた。

ブーメランのように……

　彼女たちは、ケアンズに行って来たという。そこから近くの島（たぶんグリーン島だと思う）に渡り、シュノーケルで泳いでいたら、サメが昼寝をしていた、と笑いながら話していた。「危害を与えなければ、サメはそう簡単には襲いかかってこない（空腹だったら別らしい）ので、大丈夫です」と言われたという。本当だろうか。チョット、勇気いるよねぇ。

　オーストラリアは、マリン・スポーツ愛好家の天国なのだ。彼女達の行ったケアンズは、グレート・バリア・リーフという世界最大のサンゴ礁群が織りなす、それはそれは美しい海が広がっているそうだ。スキューバ・ダイビングをする人には、垂涎ものだろう。

　マリン・スポーツが全くダメな私だが、いつか是非行ってみたい所だ。オーストラリアは広大だから、たかだか六日間の日程では、ほんの一握りの魅力しか手中にしていないのかも知れない。だが、その短いバカンスであっても、十分過ぎる位に大きなものを与えられたような気がする。

まるで竜宮城にいたように、楽しいことの連続で浮かれっぱなしの毎日だった。ひょっとして、日本に帰ったら私達はおじいさん、おばあさんになるのかも……。それでもいいさ、どんと来い。それだけの代償があってもいいと思えるほど、気持ちは大きくなって、オージー精神に染まる私。
いやいや、私はおばあさんになったって、きっとまたいつかオーストラリアに戻ってくるよ。オーストラリア先住民のアボリジニが愛したブーメランのようにね。

【著者プロフィール】
若園　明美（わかぞの　あけみ）

1955年北海道室蘭市生まれ。一男一女の母。
99年6月、夫の転勤に伴い、旭川市から岩見沢市へ転居。
旅とジャズとビールが大好き。

輝くような青空の下で
～おかしな家族のオーストラリア旅日記～

2000年5月1日　　初版第1刷発行

著　者　　若園　明美
発行者　　瓜谷　綱延
発行所　　株式会社　文芸社
　　　　　〒112-0004　東京都文京区後楽2-23-12
　　　　　　　　　　電話　03-3814-1177（代表）
　　　　　　　　　　　　　03-3814-2455（営業）
　　　　　　　　　振替　00190-8-728265
印刷所　　株式会社エーヴィスシステムズ

©Akemi Wakazono 2000 Printed in Japan
乱丁・落丁本はお取り替えいたします。
ISBN4-8355-0177-2 C0095